跃龙门

之

盛世长风

李白

鲤跃 编著
阿助 绘

黑龙江少年儿童出版社

图书在版编目（CIP）数据

盛世长风：李白 / 鲤跃编著；阿助绘. -- 哈尔滨：黑龙江少年儿童出版社，2025.2. --（跃龙门）.
ISBN 978-7-5319-8775-8

Ⅰ．K825.6-49

中国国家版本馆CIP数据核字第2024FF2346号

跃龙门　　盛世长风 李白
YUE LONGMEN　SHENGSHI CHANGFENG LI BAI

鲤跃 编著　阿助 绘

出 版 人	薛方闻
项目统筹	李　昶
责任编辑	张小宁
总 策 划	宋玉山　黎　雨
创意策划	王子昂　王智鹏
文字统筹	王正义
插画团队	阿　助　文刀荔　张　文　乖小兽
美术统筹	AyaBird
排版设计	杨晓康
书法创作	王正义
出　　品	鲤跃文化
出　　版	黑龙江少年儿童出版社
地　　址	哈尔滨市南岗区宣庆小区8号楼
邮　　编	150090
电　　话	0451-82314647
网　　址	www.lsbook.com.cn
印　　装	三河市少明印务有限公司
发　　行	全国新华书店
开　　本	787mm×1092mm　1/16
印　　张	4.5
字　　数	115千
版　　次	2025年2月第1版
印　　次	2025年2月第1次印刷
书　　号	ISBN 978-7-5319-8775-8
定　　价	48.00元

【版权所有，请勿翻印、转载】

序言

　　昔有小鲤名锦，志在龙门，欲化龙飞。云之巅，有祖龙名瑞，守中华千载时光之河，刻风流人物于河畔峭壁之上，以龙鳞点睛，时光不尽，传承不息。然华夏大地英杰辈出，鳞尽而史未绝。锦鲤受命，寻史访古，以续龙鳞，瑞龙则守壁期盼，待故事归来。

　　今有绘本《跃龙门》四十八卷，随锦鲤之行，绘先人之姿。卷卷所载，或千古文风，或百技之长，或武卫疆土，或谋定安邦，皆以锦鲤之察，耀历史之辉。然长空瀚海，云谲波诡；斯人往事，众说纷纭。虽有莫衷一是，绝无异想天开。愿以此书，引诸位小友逆流而上，同游史海，领略古人风采，铭记历史之重，终随锦鲤，一跃成龙！

——鲤跃

画家寄语

谨以此书
献给——

十六年前的
那个夏天……

目　录

 无所不能少年郎 /2

 长路漫漫入仕难 /14

 醉而疏狂隐终南 /26

 锦绣诗篇动长安 /38

 乱世救国意难平 /50

 无可取代的诗仙 /60

酒入豪肠,七分酿成了月光
　余下的三分啸成剑气
　绣口一吐,就半个盛唐
　　　　　　——余光中《寻李白》

唐朝有位伟大的浪漫主义诗人叫李白,对,就是那个李太白,号青莲居士。他一生才华横溢,却不被重用,令人惋惜。而这些,不影响他成为伟大的浪漫主义诗人,成为"诗仙"。他给我们留下了《李太白集》和《李翰林集》,他和同时代的现实主义诗人杜甫并称"李杜",至于这些诗作有多厉害?可以借用昌黎先生的一句诗:"李杜文章在,光焰万丈长"。

无所不能少年郎

击筑饮美酒,剑歌易水湄。

经过燕太子,结托并州儿。

少年负壮气,奋烈自有时。

因击鲁句践,争博勿相欺。

——李白《少年行》

想介绍李白，须先从他的祖上说起。据其堂叔李阳冰所作的《草堂集序》记载，李白是凉武昭王李暠（hào）的九世孙。李暠是十六国时期西凉的建立者，虽然现在很少有人知道他，但他有一个七世孙大家肯定知道，这个人是唐朝的开国皇帝——李渊。按照李阳冰的记载，唐玄宗是李白的晚辈。唐玄宗天宝元年（公元742年），朝廷下诏，准许李暠的子孙"隶入宗正寺，编入属籍"。但李白一家不知何故没有去登记，要不然他求官就不会那么辛苦了。

武周长安元年（公元701年），李白出生在安西都护府的碎叶城（现在吉尔吉斯斯坦境内），也有出生于蜀郡绵州昌隆县之说。其父亲名为李客，善于经商，小有名气，李白从小就过着富庶的生活。

李白名字的由来，据《唐才子传》记载："母梦长庚星而诞，因以命之。"也就是说，李白的母亲在生他前，曾梦见太白金星飞入怀中，所以给他起名叫李白，他成年后由名取字称"太白"。

李白自幼聪明,很小的时候就能写出文笔极佳的小诗,是远近闻名的神童。他的小诗广受当地人称赞,教他的先生逢人便吟诵。每当家里来客人时,父亲便让他作诗、写字。李白把诗写成条幅,让人挂到梁上去,总能引来宾客阵阵喝彩。

李白五岁时，父亲带着一家从河西走廊到陇南，然后沿岷江而下，最后定居蜀郡绵州昌隆县，即今天的四川江油。他父亲的名字，并非真名。客，是客居的意思，当时在碎叶城他们用的是其他姓氏，回到蜀郡后，才恢复了"李"姓。

李家定居之后做起类似今天物流的生意，没几年就攒下了一份不小的家业。当时他家的产业有多丰厚呢？据说李白青年时期出川时，在扬州一年花掉三十万钱，这在当时是一笔巨款，可见李家当年的家底儿多么殷实！

李白从小就认真研究书法,还学过弹琴、唱歌,不过没什么音乐天赋。他是个不拘小节的人,经常在墙壁上留下一首首大作。这导致他的部分诗歌、书法难以保留。

　　李白还学习过"纵横术",相传他十五六岁时,曾到长平山拜纵横家赵蕤(ruí)为师。赵蕤是除了鬼谷子之外,知名度最高的纵横术大家。他写的《长短经》融会了儒、道、兵、法诸家思想,文韬武略,无不涉及,是一部融治国安邦之策和济世匡时之略于一炉的杂学大成。

　　李白跟随赵蕤学习一年有余,他非常崇拜古时的纵横家,曾作诗句"乐毅方适赵,苏秦初说韩""笑吐张仪舌,愁为庄舄(xì)吟",将自己比作苏秦和张仪那样的人物,唐代官员刘全白就曾用"性倜傥,好纵横术"评价过他。

李白不仅在文学方面造诣非凡,对剑术也颇有研究。唐朝有着浓郁的尚武之风,所以李白的父亲曾系统教过李白剑术。李白十分向往侠客潇洒的生活,他为了圆自己的侠客梦,曾跟吴指南等一众少年组织过一个侠客帮,仗剑乡里,甚至民间有"李白堪称大唐第一剑客"的说法。

此外,李白还有一项超炫的绝技:驯鸟。他或许真能听懂鸟语!在《上安州裴长史书》中,他说自己在青城山放养着上千只珍奇鸟类,一声口哨,所有的鸟争先恐后到他手上去抢食。对此,他本人的解释为这是"养高忘机""不屈之迹"的体现。

李白在学习了那么多技能的同时，还喜欢修道。他六岁时，曾与蜀郡得道之士相交，长大后，那些道士更是多次邀请他一同游历，《访戴天山道士不遇》是他少年访道时所作。他还曾写过"天上白玉京，十二楼五城。仙人抚我顶，结发受长生"这样的诗句。

李白在青少年时期已经称得上博闻强识、多才多艺。很多人终其一生也很难有所成就，而李白却将诸多才能汇于一身，我们赞他一句"集众家之所长"应不为过。

长路漫漫入仕难

大鹏一日同风起,扶摇直上九万里。
假令风歇时下来,犹能簸却沧溟水。
——李白《上李邕(yōng)》

惊人的学习能力致使李白自负地认为，自己有经天纬地之才、吞吐八荒之志，有着"块视三山，杯观五湖"的气魄。他对自己的期许绝不仅仅在写诗方面，写诗在某种意义上仅是他实现政治抱负的一种途径，他真正的理想是入仕。

然而李白入仕的第一步就因为出身问题被卡死了。根据唐律，有三种人不能参加科举：一是罪人之后，二是工商子弟，三是州县小吏。而李家罪徙西域的过往和商贾之家的身份，使得李白想通过科举入仕没有了可能性。

唐玄宗开元二年（公元714年），被逼无奈的李白去彰明县当了一名小吏，除了放牛，还干些杂活，他希望通过县令的帮助，谋取非科考晋升的机会。

有一天，李白牵着牛经过衙署大堂，县令夫人不知为何突然发怒，对他百般刁难。李白一个劲儿地道歉，并随口吟诗一首："素面倚栏钩，娇声出外头。若非是织女，何得问牵牛。"这首小诗对县令夫人夸中有责，责中有夸，恰到好处，夫人听后火气全消。县令得知此事后，感觉李白是可用之人，于是让他给自己当起了书童。

作诗是唐朝的流行文化,县令也是性情中人。有一次,他想写首咏山火的诗,在写完了前两句"野火烧山后,人归火不归"后,他的思绪戛然而止,捻着胡须,搜肠刮肚却词穷。李白在旁边实在忍不住,脱口而出:"焰随红日远,烟逐暮云飞。"县令一听,不由得叫好!

没过多久，县里有条河流暴涨，李白陪着县令去查看灾情时，见一具年轻女子的尸体在水上漂着，甚是可怜。李白正在难过，不料县令却诗瘾大发，吟诗一首：

二八谁家女，漂来依岸芦。鸟窥眉上翠，鱼弄口旁珠。

周围下属听后立刻纷纷拍起了马屁，赞叹县令诗句精妙。而李白却被气炸了肺：治下的百姓死了，县令身为父母官，却没有半点怜悯之心，居然还有心思吟诗！于是他立刻接了一首诗：

绿鬓随波散，红颜逐浪无。因何逢伍相，应是想秋胡。

县令一听，顿时明白了李白的意思，脸色变得极其难看。李白的小吏生涯到此结束。

李白对于自己顶撞县令的举动毫不后悔，意气风发的他深信，凭自己的才学，一定可以闯出一片天地。又经过几年的学习，二十五岁的李白毅然离开家乡，再次走上了自己的入仕之路，自此再也没有回来过。

李白虽不能参加科考,但还有一条入仕途径:"荐举"和"制举"。所谓"荐举",即按朝廷的规定,五品以上官吏可直接向朝廷荐举贤才;至于"制举",

就更厉害了,那是天子针对特殊人才开启的一种特别科举,不是真才实学者或者能人异士,根本就没有资格参加。

唐玄宗开元九年（公元 721 年）春天，原礼部尚书、许国公苏颋（tǐng）出任益州长史，李白认为时机已到，于是洋洋洒洒写下《明堂赋》和《大猎赋》两篇文章，在苏颋赴成都上任的途中，李白拦路呈上自己的作品。

苏颋此次外派益州，是因事得罪了唐玄宗。本来他心情很差，可当他礼节性地读了《大猎赋》后，心头的阴霾一扫而空，忍不住大赞："此子天才英丽，下笔不休。虽风力未成，且见专车之骨。若广之以学，可与相如比肩也。"

苏颋被召回京城后，上奏朝廷一封《荐西蜀人才疏》，提道："赵蕤术数，李白文章。"可惜这封奏疏好像泥牛入海，了无踪迹。

唐玄宗开元十二年（公元724年）春天，仍在寻找机会的李白轻舟至江陵时，偶遇游历蜀中期间结交的道友元丹丘。元丹丘告诉李白：道教大师司马承祯要去游南岳衡山，此时正路过江陵。李白闻言大喜，如果能得到司马承祯的赏识，自己入仕的理想就能实现一半了。

这位司马承祯非同一般。开元十一年（公元 723 年），唐玄宗受法箓，取得了道士资格，为天子授箓的，正是这位道教领袖、身份相当于"国师"的司马承祯。并且他的弟子胡紫阳，还是元丹丘的老师。

有元丹丘引荐，李白顺利见到了司马承祯。与他们一同会面的，还有司马承祯的一位女弟子——道号"持盈法师"的玉真公主，而她正是唐玄宗的妹妹。

时年八十五岁的司马承祯称赞二十四岁的李白颇有仙风道骨，这大大提高了李白的知名度。李白为此写下了举世称奇的《大鹏遇希有鸟赋》。

　　与司马承祯的一面之缘,并没有立即改变李白的处境。为了实现自己的理想,李白一面四处自荐,一面谋划如何让自己名声远播。他以长安为中心,沿着各州县游历。他每到一地,一边想方设法拜访地方官,一边在当地题诗留字。

　　纵观李白的求职信,涉及侍卫御、韦秘书、张卫尉、徐安宜、卢主簿、王瑕丘、韦参军、何判官、李邕、苏颋、李长史、裴长史、韩荆州等众多官员,但无一例外,全部石沉大海。

醉而疏狂隐终南

暮从碧山下,山月随人归。
却顾所来径,苍苍横翠微。
相携及田家,童稚开荆扉。
绿竹入幽径,青萝拂行衣。
欢言得所憩,美酒聊共挥。
长歌吟松风,曲尽河星稀。
我醉君复乐,陶然共忘机。
——李白《下终南山过斛斯山人宿置酒》

虽然一直忙于仕途，经常在外奔走，居无定所，但李白的终身大事并未耽误。二十六岁那年，已经小有名气的他在安陆与已故宰相许圉（yǔ）师的孙女许氏成亲。许氏是名门闺秀，气度娴雅，和李白才貌相当，志趣相投，常一起探讨诗文，过着诗情画意般的生活。后来，许氏为他生下儿子李伯禽、女儿李平阳。

经过几年的漂泊，虽然李白在自荐入仕方面没有什么进展，但他的诗文在民间却有了相当高的知名度。每到一地，都会有人将他的诗抄录下来。更有甚者，将他的诗装订成册贩卖，无意中奠定了李白之名传遍天下的基础，这也成为李白日后认为自己可以隐居、等待他人求其出仕的资本。

　　唐玄宗开元十五年（公元727年），李白的夫人许氏不忍夫君为求官奔波劳碌，于是通过娘家关系，联系到了裴长史，希望以此为李白谋求一官半职。无巧不成书，还未等到回信，李白醉后纵马恰恰惊到了裴长史。

　　许家人怕裴长史报复，就催李白写悔过书道歉，傲气的李白大笔一挥，用调侃和暗讽的语气写下了《上安州裴长史书》。文章一出，求职自然又泡汤了。后来，这件事在安陆官场成了一桩笑谈。

　　在安陆成家后，李白一直居住在寿山，随着时间的推移，他心里越发焦急。某次醉酒后，他想到求仕的一个新方法——隐居。古时很多有才华的人隐居于深山，等待他人主动上门。李白对此曾总结说："酒隐安陆，蹉跎十年。"

说隐就隐，他不再像过去一样每日奔走，而是一边等待有缘人上门，一边继续钻研学问。隐了半年之后，李白又把家搬到长安附近的终南山上。终南山位于长安南面，是皇帝、王公大臣、社会名流趋之若鹜的名山，是"隐居"的不二之选，是人才集中地。

虽然去终南山隐居的动机是为了谋求一官半职，但李白毕竟心中向道，终南山的幽静环境很快吸引了他的注意力，这让李白本来狂放浪漫的文风逐渐有了田园的清秀细腻。这种诗风在李白的《下终南山过斛斯山人宿置酒》中有着淋漓尽致的体现。

妻子许氏对于李白的所有理想百分之百地支持，没有丝毫怨言，在李白求官和隐居期间，她一直用自己的嫁妆和娘家的贴补维持生计。

李白爱酒，尤其爱喝好酒。后来李白应邀前往长安，那里的物价高、花销大，许氏不得不卖掉田产维持李白的日常开销。同时，为了减轻李白的心理负担，许氏一直瞒着他。

虽然她跟所有的女人一样希望与丈夫长相厮守，但她对李白的心境非常了解，李白曾以愧疚戏谑口气为她写了一首名为《赠内》的诗：三百六十日，日日醉如泥。虽为李白妇，何异太常妻。据说许氏曾为李白绣了一个锦枕，李白出门在外时会把它带在身边，长达十六年之久……

当然，隐居也不可能足不出户。唐玄宗开元二十二年（公元734年），李白因事路过荆州。当时荆州长史韩朝宗以知人、惜才而闻名，李白的朋友崔宗之就是经他推荐迈入仕途的。李白故而专程到襄阳城拜见。见面那天正值韩朝宗举办酒会，李白第一个站起来敬酒，可谓抢尽风头，还当场写下一篇《与韩荆州书》作为拜帖。韩朝宗一看文章，就知道李白是个文采飞扬之人，没与他计较礼节之事，答应与他改日一叙。

本来这是个千载难逢的好机会，但李白没有吸取酒会的教训。他弄了一顶烟囱似的高帽，佩一把威武的长剑，整个人张扬无比，等见到韩朝宗时，只作长揖不叩拜。韩朝宗虽然爱才，但毕竟是权重位高的地方大员，怎么可能受得了这种轻视。所以他只是出于礼貌与李白进行了简单交谈，然后将他请了出去，求官的事自然没了下文。李白对此并不在意，甚至把这件事写进诗里。

时间慢慢流逝,在李白四十岁左右(公元740年前后)时,一场突如其来的变故,给他沉重一击:多年相濡以沫的发妻许氏,病逝了。

在十余年的婚姻生活中,夫妻二人一直相敬如宾,和睦幸福,李白曾多次写过与家相关的诗句,对家庭的深切依恋表露无遗。

许氏患病后,李白便不再出游,一直陪伴夫人,并到山中采药为其治病。许氏病危之际,曾拿出一个诗匣,里面都是用小楷抄写的李白诗作,甚至还细心地写上了批语,李白读罢,不禁泪目。

许氏去世后,李白将其安葬在泰山脚下,墓边栽下她最爱的石榴花。

妻子病逝后不久,李白一直期待的仕途转机突然到来了。

当初李白回终南山隐居时,驸马张洎(jì)曾哄骗李白说,玉真公主经常去终南山别院居住,所以,李白便常常去别院苦守,并留诗若干。可惜李白并不知道,玉真公主已经好多年没去终南山了。

几年后,李白写的诗兜兜转转传到玉真公主手里,公主被李白的才情打动,又想到当初与李白的一面之缘,就决定向哥哥唐玄宗引荐李白。

而李白也逐渐从妻子病逝的悲痛中走了出来,想到自己多年一无所获,心中烦闷无从释放,只能借笔墨抒情,写下经久传唱、历久弥新的诗篇"二难",即《蜀道难》《行路难》。

锦绣诗篇动长安

云想衣裳花想容,春风拂槛露华浓。
若非群玉山头见,会向瑶台月下逢。

——李白《清平调词》

唐玄宗天宝元年（公元742年）秋天，在玉真公主和道士吴筠的推荐下，李白收到唐玄宗召他入宫的消息。对李白来说，自己如大鹏般扶摇直上的日子终于来了！他毫不掩饰自己的欢欣，提笔写下被后世咏唱的名句："仰天大笑出门去，我辈岂是蓬蒿人！"

一到长安，李白便立即被召入宫，而此刻唐玄宗已在金銮殿中等候。当唐玄宗看见李白迈着自信而潇洒的步子走进宫殿时，被其气度所感染，不自觉地从御座上走下去迎接。

唐玄宗不仅赐给李白奢华坐具"七宝床"，还让李白坐到自己的龙椅旁，亲手为李白调制羹汤，赞美他说："卿是布衣，名为朕知，非素蓄道义，何以及此？"

这番礼遇堪称前无古人，李白的名气立刻响彻长安。

唐玄宗给李白封的官职是"翰林待诏"，职能大致相当于智囊团参谋，虽然实权不多，但是个实实在在为皇帝出谋划策的职位，李白对此非常满意。

唐玄宗天宝二年（公元743年）的一天，正在喝酒的李白被唐玄宗召进宫去。原来，是东北部的渤海国向大唐送来国书，但其地处偏远，文字太小众，大臣都不认识。唐玄宗听说李白对此有研究，于是就把他召来。

微醺的李白只看了几眼，就轻松地将内容翻译了出来：大唐攻打高句丽对渤海国产生了影响，他们要求大唐赔偿二十座城池。

思索片刻后，唐玄宗决定先礼后兵，先以一封国书加以劝诫、威慑，如果渤海国不知收敛，再出兵攻打。李白借着酒意，洋洋洒洒写下千余言的《和番书》。文章措辞堂皇，词气纵横。唐玄宗对李白大加赞赏，给了他不少赏赐。渤海国君也被李白这篇文章慑服，便放弃了赔偿的要求。

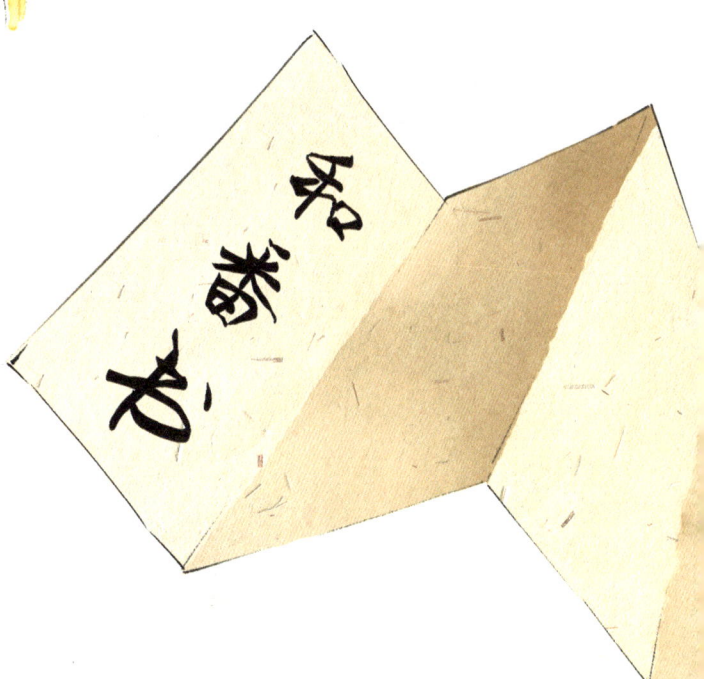

经过此事后,宫里传闻皇帝有意封李白为中书舍人,但迟迟不见任命,李白颇为失望。

一日,唐玄宗和杨玉环在宫中沉香亭观赏牡丹,为了讨妃子欢心,便诏李白进宫写诗。内侍找到李白时,发现他已喝得酩酊大醉,只好用轿子把他抬到兴庆宫。

李白本以为皇帝有事跟自己商议,没想到是给杨玉环写诗,他心中积怨难平,便刁难一旁的宦官高力士给自己脱靴子,留下了"力士脱靴"的笑谈。一番折腾后,他在半醉半醒之间纵笔疾书,三首《清平调词》一气呵成,又被谱成歌曲,再次震动长安。

唐玄宗除了需要吟诗作赋的时候,基本想不起李白。因此,他大多数时候处于无所事事的状态,时常流连于市井酒肆,结识了不少爱喝酒的"同好",大家时常聚在一起品酒作诗,好不潇洒。
几年后,杜甫到长安,写了一首《饮中八仙歌》,这首妙趣横生的休闲诗,令后人一睹"饮中八仙"的风采。

除了喝酒外，李白经常和朋友带着歌伎舞女登览名山、泛舟江湖。皇帝不冷不热的态度，导致李白"人生苦短、及时行乐"的情绪经常在笔下流露。他所写的《邯郸南亭观妓》将当时的人生态度描绘得淋漓尽致。

歌鼓燕赵儿，魏姝弄鸣丝。

粉色艳日彩，舞袖拂花枝。

把酒顾美人，请歌邯郸词。

清筝何缭绕，度曲绿云垂。

平原君安在？科斗生古池。

座客三千人，于今知有谁？

我辈不作乐，但为后代悲。

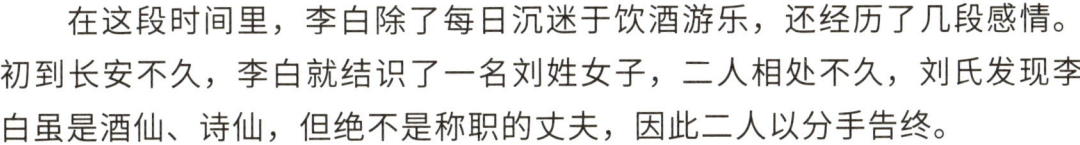

　　在这段时间里,李白除了每日沉迷于饮酒游乐,还经历了几段感情。初到长安不久,李白就结识了一名刘姓女子,二人相处不久,刘氏发现李白虽是酒仙、诗仙,但绝不是称职的丈夫,因此二人以分手告终。

　　唐玄宗天宝四载(公元745年),李白前往泰山考取道箓,路过任城时,结识了一位妇人,两人情投意合。李白为这名妇人购买了不少田产,这名妇人为李白生了一个儿子,名叫李天然。但没过几年,这名妇人患上疾病,不幸去世了。

唐玄宗天宝九载（公元750年），李白在洛阳的梁园喝醉了酒，诗兴大起，挥笔在墙上写下了著名的《梁园吟》；恰好武则天时期宰相宗楚客的孙女宗氏路过，花费千金买下这面墙壁，留下"千金买壁"的佳话。

就这样，李白与宗氏相识，没过多久，五十岁的李白在洛阳与宗氏成亲，宗氏正式成为李白官宣的第二位妻子。

幸福婚姻不能掩盖李白官场失意的无奈，皇帝的态度让他难以接受，只能饮酒麻痹自己。而他越是这样，越得不到皇帝的器重。据《唐左拾遗翰林学士李公新墓碑并序》记载：唐玄宗虽然欣赏李白，但李白性格张扬，常常酩酊大醉，唐玄宗担心他做不到"不言温室树"，所以不敢重用李白。

其实，李白对于自己的定位，和唐玄宗之间有明显的偏差：李白认为自己到长安要做的是"申管、晏之谈，谋帝王之术"那样的大事；而对于唐玄宗来说，李白如果能出谋划策、执掌政务固然很好，但让李白成为君王宴乐之余点缀升平的帮闲文人亦无不可。

李白虽然是一位天才的诗人，但并不适合官场。最终他把自己不受重用的原因归结于自己羞辱过高力士，被李林甫和张洎等人嫉妒针对，所以他才会写下"君王虽爱蛾眉好，无奈宫中妒杀人"这样的诗句。李白不明白，如果唐玄宗真想重用他，其他人的几句小报告改变不了什么。

　　这样过了三年，李白最终抱着"乍向草中耿介死，不求黄金笼中生"的决绝态度，主动上疏请求回家。这意味着他放弃了长久以来的梦想。而出乎李白意料的是，唐玄宗居然毫不犹豫地应允了，并给了他一大笔赏赐。

乱世救国意难平

试借君王玉马鞭,指挥戎虏坐琼筵。
南风一扫胡尘静,西入长安到日边。
———李白《永王东巡歌》

如果李白随波逐流、放弃理想的话，他的日子肯定很滋润，虽然唐玄宗不重用李白，但对于他的吃喝用度并没有缩减。所以李白"被"赐金还野，归根结底，源于他的一颗报国之心。

李白求的不是富贵权势，而是利国利民之事，他无法忍受自己无所作为。苏东坡后来在《李太白碑阴记》中说他是"戏万乘若僚友，视俦列如草芥"。他的一生从不为了名利依附于权贵，如果不能给他一展抱负的机会，即使是天子也无法让他屈膝。

还乡后，李白以为自己的政治生涯就此结束了，可一个突如其来的巨大变故震动了整个大唐。

唐玄宗天宝十四载（公元755年）十一月，蓄谋已久的安禄山联合契丹、突厥等组成了十五万大军，以讨伐杨国忠为名，起兵发动叛乱，史称"安史之乱"。叛军一路长驱直入，所过州县望风瓦解，一时间天下大乱。

安史之乱爆发后,山河破碎,民不聊生,李白一时寝食难安。妻子宗氏见状,与李白一起换上胡人的衣装,奔赴长安为国献策。没等他们到达长安,函谷关以东已被叛军占领,形势难以挽回。李白不得不转道江南,隐居庐山屏风叠,静观形势的变化,寻找为国效命的机会。

李白隐居没多久，永王李璘便筹集大量的军费和粮草，沿江东下直取广陵。部队途中路过九江时，永王听说李白在此隐居，便派亲信邀请他加入幕府。此时唐肃宗李亨已经登基，永王未入李白的眼，所以拒绝。但永王并不放弃，短短半个多月两次派出亲信招揽李白。一直怀才不遇的李白终于被永王的诚意打动，便成了永王的幕僚。

永王给了李白足够的尊重，而军中救国杀敌的气氛也感染着李白。李白挥毫写下组诗《永王东巡歌》，抒发了他建功报国的情怀。李白认为自己终于有了一展抱负的机会，可仅仅两个月后，他的命运又发生了一次重大转折。

永王擅自带兵向东行进，被唐肃宗定为谋反，进而发兵围剿，永王不久兵败身死。李白作为永王的幕僚，自然成了囚犯。李白第二次出仕，就这样以极为悲惨的方式结束了。

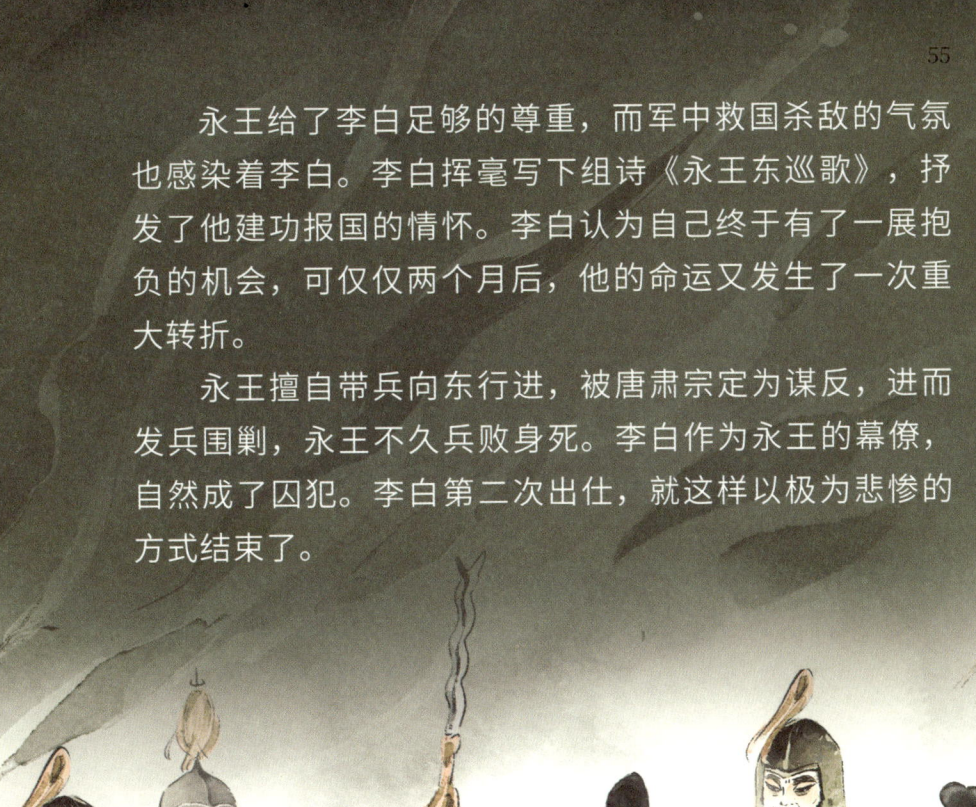

李白被判了死刑,妻子宗氏心急如焚,想方设法营救李白。在宗家付出了巨大的代价后,终于保住了李白的性命,将原本的死刑改判为流放夜郎(今贵州西南部)。

宗氏得知李白极度思念自己和一双儿女,于是带着平阳和伯禽翻山越岭,到浔阳探狱。李白和宗氏、儿女在狱中短暂团聚后,他从浔阳出发,开始了流放的日子。

唐肃宗乾元二年（公元759年），因关中遭遇大旱，朝廷宣布大赦天下，正在流放途中的李白获得赦免。辗转多地、心神俱疲的李白终于获得自由，他顺着长江疾驶而下，看着江水滔滔，心中苦闷尽去，挥笔写下千古名篇《早发白帝城》。

同一年,安禄山的部将史思明杀了安庆绪,自立为大燕皇帝,大举南侵。

唐肃宗上元二年(公元761年),朝廷任命李光弼为南副帅,计划北伐。听到大军出征的消息,已经六十一岁的李白激动得热泪盈眶,他戴上头盔,备好兵刃,踏上了从军之路,他依然相信自己能杀敌平贼建奇功。可他刚赶到金陵就突发急病,次年九月病危,临终前,他将两位夫人用心血整理的诗集交给李阳冰,题名《草堂集》。

李白去世后，目前所知的关于他的最后记载，是剑术宗师裴旻的曾侄孙裴敬在唐武宗会昌三年（公元843年）曾拜谒李白墓。当地人告诉裴敬，李白的孙女已经五六年没来扫墓了，很可能已经不在世了。此时距离李白去世已经八十多年。从此以后，历史典籍中似乎再也没有见到关于李白后世的记载了。

无可取代的诗仙

君不见黄河之水天上来,奔流到海不复回。
君不见高堂明镜悲白发,朝如青丝暮成雪。
人生得意须尽欢,莫使金樽空对月。
天生我材必有用,千金散尽还复来。

——李白《将进酒》

李白的影响并没有随着他的离世而消失，反而越发璀璨。他的诗文以洒脱的风格、浪漫的用词以及深刻的思想哲理，激发后人对诗歌这一独具魅力的文学体裁进行继承与发扬。李白也因其独特的人格魅力，而被众多后人奉为偶像。

李白太亮眼了！他横空出世，如霸主一般"统治"着后世的诗坛，几乎可以说，唐朝以后的诗文作品，是杜甫领着一众诗人在与李白一个人拔河。

李白的诗有一种与生俱来的"仙气",这是绝大多数诗人难以企及的。唐代诗人皮日休曾赞美他:"言出天地外,思出鬼神表,读之则神驰八极,测之则心怀四溟,磊磊落落,真非世间语者,有李太白。"

李白的诗有着匪夷所思的神奇气韵,"飞流直下三千尺,疑是银河落九天",是李白的神气;"黄河落天走东海,万里写入胸怀间",是李白的胸襟。看崔颢写的《黄鹤楼》,李白不服气又无奈,于是写下了"一拳捶碎黄鹤楼,一脚踢翻鹦鹉洲",这是李白赌气的天真。

黄河捧土尚可塞　北风雨雪恨难裁

燕落轩辕台

三山半落青天外　二水中分白鹭洲

大江茫茫去不还

李白的一生,称得上波澜壮阔,不负光阴。他有"长风破浪会有时,直挂云帆济沧海"的人格力量;他有"吾与尔,达则兼济天下,穷则独善一身"的精神伟力;他有"天生我材必有用,千金散尽还复来"的洒脱品行。

李白走到哪儿，哪儿就是诗，他只需要将心中所想凝聚于笔下，便成为千古名篇。

德国诗人荷尔德林说："人充满劳绩，但还诗意地栖居在这块大地之上。"李白用他天才的诗歌，光耀中华民族一千多年，而且还将继续璀璨下去！

本丛书其他分册同样精彩,敬请阅读!